पंकज चतुर्वेदी की एक कविता 'पुरुषत्व एक उम्मीद' में मोबाइल फ़ोन के ख़तरों के सन्दर्भ में एक उच्चस्तरीय भारतीय संस्थान के बुद्धिजीवी तय करते हैं कि वे मोबाइल को पैंट की जेब में नहीं, बल्कि दिल के पास ऊपरी जेब में ही रखेंगे; ताकि उनके पुरुषत्व में कोई कमी न आने पाये, दिल को नुक़सान भले ही हो। मोबाइल फ़ोन को विभिन्न अंगों के क़रीब रखने के नतीजों और बच्चों पर उसके प्रभावों का यह वर्णन अन्तिम हिस्से में एकाएक मोबाइल को छोड़कर उसके उपभोक्ताओं की मानसिकता पर आ जाता है, एक गम्भीर सामाजिक टिप्पणी का रूप ले लेता है और हम एक ऐसी दुनिया से घिर जाते हैं; जो प्रेम, संवेदना और आत्मा को खोकर भी अपने 'पुरुष' होने के सामन्तीपन, दम्भ और यौन वर्चस्व को बरक़रार रखना चाहती है। शुरू में सहज-निरापद-सी लगती यह कविता अन्त में हमारे भीतर एक भय पैदा कर देती है : "इस तरह मैंने जाना/पुरुषत्व एक उम्मीद है समाज की/जिसके पास दिल नहीं रहा।" दरअसल, तथाकथित पुरुषत्व का विरोध-प्रतिरोध या उसकी आलोचना या उपहास पंकज चतुर्वेदी की कविता का एक प्रमुख कथ्य है, जिसकी चीर-फाड़ वे कई तरह के दृष्टान्तों और मामूली दिखनेवाले प्रसंगों के ज़रिये करते हैं। गाँव से आनेवाले एक भ्रष्ट और सम्मानित रईस हों या विभागाध्यक्ष न बन पाने की शिकायत करनेवाले हिन्दी के एक प्रोफ़ेसर हों या दिन के समय भयानक दिखनेवाले एक कुत्ते 'टैरू' की रात में याचना-भरी मुद्रा को समझ पाने में कवि की अक्षमता का मार्मिक प्रकरण—पंकज के व्यंग्य की ज़द में एक 'पुरुष' हमेशा रहता है। पंकज ने प्रेम-सम्बन्धों पर कई कविताएँ लिखी हैं, जो मर्म को छू जाती हैं; लेकिन उनमें भी वे स्त्री की तुलना में 'पुरुष मानसिकता' की कमतरियों को आँकते चलते हैं।

अपने आलोचनात्मक नज़रिये में पंकज जिस तरह तमाम धंधई समीक्षात्मकता से अलग हैं, वैसे ही उनकी काव्यात्मक संवेदना और शिल्प भी अपने समकालीनों में सबसे अलग है। वे साधारण जीवन-स्थितियों के माध्यम से जीवन और समाज की बड़ी सचाइयों को बेहद सहजता से उद्‌घाटित कर जाते हैं। यह उद्‌घाटन आम तौर पर कविता के अन्त में होता है, जहाँ वे सूक्तिपरकता या दार्शनिक कथन की भंगिमा में किसी बुनियादी या तात्त्विक स्थिति को दर्ज करते हैं।

पंकज चतुर्वेदी की संवेदना का एक आयाम 'कला का समय', 'कमीनों का क्या है', 'आभार' और 'वृक्षारोपण' जैसी कविताओं में दिखता है, जहाँ वे अच्छे अर्थों में रघुवीर सहाय की-सी व्यंग्य-विरूप प्रविधि की याद दिलाते हुए समाज और मनुष्य के किसी 'एब्सर्ड' अमानवीय पक्ष की तहों में जाते हैं। 'रक्तचाप', 'शमीम', 'तुम जहाँ मुझे मिली थीं' और 'पाँच महीने के अपने बच्चे से बातचीत के बहाने' जैसी कविताएँ उनकी संवेदना का दूसरा आयाम हैं, जहाँ वे कभी सीधी राजनीतिक बहस करते हैं या कभी उन अत्यन्त बारीक मानवीय क्षणों को पकड़ते हैं, जो कोई मार्मिक कहानी कह जाते हों। पाँच महीने के अपने बच्चे के बारे में उनकी कविता इसका एक अद्‌भुत उदाहरण है। पंकज एक फ़्लैट के भीतर, बिना बाग़ीचे, बिना आकाश के इस बच्चे के रोने के कारणों को खोजते हुए 'खुले आसमान, ठण्डी हवा, सड़क पर बचे रह गये सघन वृक्षों, ऊँचे और भव्य लैम्प-पोस्टों और चन्द्रमा और नक्षत्रों' और उनके विस्मय और सौन्दर्य तक चले जाते हैं और इस पूरी कायनात को 'एक "ज़रूरी काम" की तरह देखते' हैं, "जिसके बिना/मनुष्य होने में/सम्पूर्णता नहीं।"

ऐसी ही मार्मिक कहानियाँ और ऐसी ही व्यंग्य-वक्रता पंकज चतुर्वेदी की कविता को विलक्षण बनाती हैं।

—मंगलेश डबराल

सरमायादारी की दुनिया में कविता का कारख़ाना बेमुनाफ़ा है। इसी कारख़ाने से निकला पंकज चतुर्वेदी का यह ताज़ा कविता-संग्रह उन लोगों से मुख़ातब है, जो सयाने नहीं हैं। इसे पढ़ते हुए सयाने कुछ अबोध हो सकें और अबोध कुछ सयाने, तो सयानेपन और अबोधता की अभी की परिभाषाएँ अपनी जगहों से थोड़ा-थोड़ा खिसकें। डेढ़ दशक पहले उनका पहला संग्रह आया था—'एक सम्पूर्णता के लिए'। यह चाहत अभी भी बरक़रार है, अलबत्ता इसकी उपलब्धि की बेइंतिहा कठिनाइयों का बोध अब कहीं ज़्यादा तल्ख़ है। 'पाँच महीने के अपने बच्चे से बातचीत के बहाने' में कवि प्रकृति की सुन्दरता में विस्मित और 'निमज्जित' बच्चे में इसी मानवीय सम्पूर्णता की ललक पाता है। एक और कविता 'संवाद' में इसी बच्चे के साक्ष्य से वह कहता है "कि संवाद/हर सूरत में/सम्भव है।" लेकिन मुनाफ़े की सभ्यता समाज को बीमार, मनुष्य को बेसिर-पैर, अधूरा और अकेला तथा संवाद को विरूप बनाये बग़ैर फल-फूल नहीं सकती। संग्रह की शीर्षक कविता में जो 'रक्तचाप' है, वह इसी परिस्थिति की प्रतिक्रिया है—"रक्तचाप बन्द संरचना वाली जगहों में—/चाहे वे वातानुकूलित ही क्यों न हों—/साँस लेने की छटपटाहट है।" यहाँ बीमारियाँ, एक बीमार समाज की विडम्बनाओं की रूपक हैं—"दर्द है इस समाज को/बहुत है/पर उस दुख के/कारणों पर कोई/रैडिकल बहस नहीं है।" विडम्बना यह भी है कि इनसान बीमारी की शिनाख़्त, कारण और इलाज की चेतना भी बीमारी पैदा करनेवालों से ही पाता है। बीमारी से उसकी लड़ाई भी बीमार होती है, क्योंकि वह निजी होती है—"पर वह संघर्ष नहीं/उसका मिथ होता है/वह इतना निजी होता है/कि कैंसर होता है।"

उत्तर-पूँजी के इस युग के भारतीय संस्करण में साम्प्रदायिकता, जाति-प्रथा और पितृसत्ता की पुरानी बीमारियों के बैक्टीरिया ने अपने कुछ नये रूप ऐसे विकसित किये हैं, जो अब तक चली आ रही दवाओं की पकड़ से बाहर हैं। इस संग्रह की अनेक कविताओं में अपने समाज की पुरानी बीमारियों की जैविक संरचनाओं में आये नये बदलावों के अनुभव मुखर हुए हैं—कहीं व्यंग्य, कहीं विक्षोभ, तो कहीं विश्लेषण के मुहावरे में।

ये कविताएँ निराभरण हैं, अभिधा में वह सब कुछ कहने की कोशिश करती हुईं, जिसे बहुधा 'कविता में कहने की आदत नहीं' होती। इनमें व्यंजना शब्द-शक्ति नहीं, बल्कि 'शब्द-परिस्थिति' में निहित है। यहाँ 'सम्भव-असम्भव प्रेम' की अनेक कविताएँ हैं। 'प्यार' चूँकि 'है' या 'था', इसलिए सम्भव है, लेकिन रुद्ध-क्षुब्ध अथवा अभिशप्त होने के कारण असम्भव भी है। ये कविताएँ इस बात का प्रमाण हैं कि 'समय-परिस्थिति' का एक क़ुतुबनुमा 'प्यार' भी है।

ज़्यादातर कविताओं के पीछे छोटी या बड़ी कोई कहानी है, जिसे सिर्फ़ उतना ही कहा गया है, जितने से बेमतलब और बेतरतीब-सी महसूस होती ज़िन्दगियों का कोई मानी या तर्क रौशन हो सके। ढेर सारी कविताएँ बतियाती हुई-सी हैं, जो पढ़ते वक़्त सुनायी-सी देने लगती हैं। डर, अस्थिरता, घृणा और अपमान के निजी एहसासात को उनके सामाजिक उद्‌गम-मूलों में पकड़ पाना इन कविताओं की बड़ी उपलब्धि है।

—प्रणय कृष्ण

रक्तचाप और अन्य कविताएँ

पंकज चतुर्वेदी

वाणी प्रकाशन

वाणी प्रकाशन
4695, 21-ए, दरियागंज, नयी दिल्ली 110 002
फ़ोन : +91 11 23273167 फ़ैक्स : +91 11 23275710
शाखाएँ
अशोक राजपथ, पटना 800 004, बिहार
कॉफ़ी हाउस कैम्पस, महात्मा गांधी मार्ग, इलाहाबाद 211 001, उत्तर प्रदेश
महात्मा गांधी अन्तरराष्ट्रीय हिन्दी विश्वविद्यालय, वर्धा 442 001, महाराष्ट्र
www.vaniprakashan.com
marketing@vaniprakashan.in
sales@vaniprakashan.in

Raktchap Aur Anya Kavitayen
by Pankaj Chaturvedi

ISBN : 978-93-5072-763-8
Poetry

प्रथम संस्करण 2015
द्वितीय संस्करण 2022

मूल्य : ₹ 299

आर. टेक ऑफ़सेट प्रिंटर्स, दिल्ली-110 032 में मुद्रित

वाणी प्रकाशन का लोगो मक़बूल फ़िदा हुसेन की कूची से

कमज़ोरियाँ
तुम्हारी कोई नहीं थीं
मेरी थी एक
मैं करता था प्यार

—बेर्टोल्ट ब्रेष्ट

संध्या मिश्रा के लिए

आभार

इस कविता-संग्रह में सम्मिलित सभी कविताएँ समय-समय पर हिन्दी की अनेक प्रतिष्ठित पत्र-पत्रिकाओं में प्रकाशित हुई हैं। तीन कविताएँ *'भारतभूषण अग्रवाल पुरस्कार'* से सम्मानित कवियों के चर्चित कविता-संकलन *'उर्वर प्रदेश-3'* (वर्ष 2009) में छपी हैं। इसलिए इसके साथ-साथ *'जलसा', 'वागर्थ', 'विपाशा', 'पूर्वग्रह', 'नया ज्ञानोदय', 'रचना समय', 'कथा', 'बया', 'पक्षधर', 'पल प्रतिपल', 'सम्बोधन', 'मुक्तिबोध', 'देशज', 'कथाक्रम', 'समकालीन जनमत', 'द पब्लिक एजेण्डा', 'आउटलुक', 'उद्‌भावना', 'अक्षर पर्व', 'साहित्य अमृत', 'भाषा भारती', 'शिक्षायण', 'प्रभात खबर' (दीपावली विशेषांक, 2012), 'अमरावती मंडल' (साहित्य वार्षिकी), 'जनसत्ता', 'दैनिक भास्कर', 'दैनिक जागरण', 'अमर उजाला'* और *'जनसंदेश टाइम्स'* के संपादकों के प्रति कवि अत्यन्त कृतज्ञ है।

क्रम

रक्तचाप और अन्य कविताएँ

कला का समय

रामलीला में धनुष-यज्ञ के दिन
राम का अभिनय
राजकुमार का अभिनय है

मुकुट और राजसी वस्त्र पहने
गाँव का नवयुवक नरेश
विराजमान था रंगमंच पर

सीता से विवाह होते-होते
सुबह की धूप निकल आयी थी
पर लीला अभी जारी रहनी थी
अभी तो परशुराम को आना था
लक्ष्मण से उनका लम्बा संवाद होना था

नरेश के पिता किसान थे
सहसा मंच की बग़ल से
दबी आवाज़ में उन्होंने पुकारा :
नरेश! घर चलो
सानी-पानी का समय हो गया है

मगर नरेश नरेश नहीं था
राम था
इसलिए उसने एक के बाद एक
कई पुकारों को अनसुना किया

आख़िर पिता मंच पर पहुँच गये
और उनका यह कहा
बहुतों ने सुना—
लीला बाद में भी हो जायेगी
पर सानी-पानी का समय हो गया है

वह इतना निजी

ऑपरेशन के बाद
डॉक्टर कहते हैं :
ऑपरेशन की जगह पर
दर्द बिलकुल न होता हो
तो वह किसी ख़तरनाक
बीमारी का लक्षण है
वह कैंसर भी
हो सकता है

दर्द है इस समाज को
बहुत है
पर उस दुख के
कारणों पर कोई
रैडिकल बहस नहीं है
न उसके पीछे छिपी
ताक़तों को पहचानने
और उनका प्रतिकार करने जितनी
युयुत्सा है

सिर्फ़ फ़ौरी समाधान
और इलाज हैं
और वे ही इतने महँगे
और जटिल हैं
कि उनमें एक भूलभुलैया है

जिसमें चलते हुए हमें लगता है
कि हम वस्तुत :
संघर्ष कर रहे हैं

पर वह संघर्ष नहीं
उसका मिथ होता है
वह इतना निजी होता है
कि कैंसर होता है

एक स्वप्न का आख्यान

इतनी बारिश हुई है
कि गाँव की नदी में काफ़ी पानी है
जैसा आम तौर पर नहीं रहता है
मुझे अजीब-सा और हलका भय-सा लगता है
जैसे यह मेरी दुनिया नहीं है
यह कोई और ही दुनिया है

अगले दृश्य में
मैं अपनी पत्नी के साथ
एक राजनीतिक जलसे में बैठा हूँ
सहसा कुछ लोग वहाँ आकर
हमारे एक साल पहले खो गये बच्चे को
हमें लौटाते हैं
और कहते हैं :
गाँधी जी इस बात से बहुत ख़ुश हैं
कि आपका बच्चा मिल गया है
पर वे बच्चे की देख-भाल में
आप लोगों की लापरवाही से
नाराज़ भी हैं
वे आपसे मिलना चाहते हैं
आप उनसे मिले बग़ैर
मत जाइयेगा

गाँधी जी फ़िलहाल व्यस्त हैं

जलसे से अलग किसी कमरे में
एक राजनीतिक बैठक में

यह शायद 1947 का अक्तूबर या नवम्बर है
जो लोग उस सभा में हैं
वे ख़ुश और आश्वस्त हैं
कि गाँधी अभी हैं
भले पास में ही कहीं
पर उनके बरताव में
अजीब-सी ख़ामोशी
डर और अस्थिरता है
जैसे उन्हें पहले से पता है
कि गाँधी कुछ दिनों में
रहेंगे नहीं

बारिश

कमलेश्वर के निधन का फ़ोन
बहुत देर रात आया था

देर रात घंटी बजती है
और बीच में ही कट जाती है

चौंककर हलके-से भय के साथ
देखता हूँ
एक दोस्त का नम्बर

पूछने पर उसने बताया :
सब ठीक है
ग़लती से लग गया था फ़ोन

ग़लती से ही लग सकता है फ़ोन
इतनी रात गये
कोई क्या सान्त्वना दे सकता है?

बहुत घृणा है यहाँ बहुत अपमान
एक तेज़ाब की बारिश जैसा है यह सब कुछ
यह कैसा समय है जिसमें
आदमी जहाँ ढूँढ़ता है प्यार
वहाँ मिलती है हिक़ारत
जहाँ सुख वहाँ तकलीफ़
जहाँ नींद
वहाँ एक स्वप्न का
जाता हुआ अक्स

धोखा क्या है

(वीरेन डंगवाल के लिए)

धोखा क्या है
विचलन के सिवा

विचलन क्या है
बेहतरी की तलाश के सिवा

बेहतरी की तलाश क्या है
तुम्हारी उम्मीद के सिवा

उम्मीद क्या है
स्वप्न के सिवा

स्वप्न क्या है
साकार के सिवा

साकार क्या है
निराकार के सिवा

जो नहीं है
वह क्या है
जो है
उसके सिवा

तीन बातें

कोई किसी को
माफ़ नहीं करता

कोई किसी पर
एहसान नहीं करता

और आप जो कुछ हैं
अपनी बदौलत हैं

पाँच महीने के अपने बच्चे से बातचीत के बहाने

जब भी तुम रोते हो
मैं जानता हूँ, मेरे बच्चे
तुम कुछ कहना चाहते हो
और उसे कह नहीं पा रहे

मसलन अपनी नींद, भूख
किसी और इच्छा, ज़रूरत
या तकलीफ़ के बारे में कुछ

भले ही कुछ कवियों को लगता हो
कि बच्चे अकारण रोते हैं
और कुछ और कवि
ग़ालिब की कविता में आये दुख को
महज़ 'होने' का अवसाद
बताते हों
मगर ऐसी शुद्धता
मुमकिन नहीं है

दुख के कारण होते हैं
और उसके रिश्ते
हमारे समय
और ज़िन्दगी के हालात से
चाहे कोई उन्हें देख न पाये
और अगर देख पा रहा है

तो इस तरह के झूठ का प्रचार करना
किसी सामाजिक अपराध से कम नहीं है

मैं जानता हूँ, मेरे बच्चे
एक फ़्लैट के भीतर
जिसका अपना कोई बाग़ीचा नहीं
आकाश भी नहीं
तुम सो नहीं पाते

तुम्हें नींद आती है
खुले आसमान के नीचे
जहाँ ठंडी हवा चलती है
उन सघन वृक्षों की छाँह में
जो सड़क पर बचे रह गए हैं

उनसे पहले आते हैं
वे इक्का-दुक्का
ऊँचे और भव्य लैम्प-पोस्ट—
जो सरकार के प्रति जवाबदेह नहीं
इसलिए शायद जले रह गए हैं—
उन्हें देखते हो तुम
अपार कौतूहल से
अपनी ही नज़र में डूबकर
मानो यह सोचते हुए—
यह रौशनी इतनी उदात्त
आख़िर इसका स्रोत क्या है?

और वे चन्द्रमा और नक्षत्र—
खगोलविद् उनके बारे में
कुछ भी कहें—
मगर जो न जाने कितनी शताब्दियों से

दुनिया के सबसे सुखद
और समुज्ज्वल विस्मय हैं

उनके सौन्दर्य में जब तुम
निमज्जित हो जाते हो
मुझसे बहुत दूर
फिर भी कितने पास मेरे
तब मुझे लगता है, मेरे बच्चे—
यह भी एक ज़रूरी काम है
जिसके बिना
मनुष्य होने में
संपूर्णता नहीं

1947 में

(सईद अख़्तर मिर्ज़ा की फ़िल्म 'नसीम' देखकर)

1947 में जो मुसलमान थे
उन्हें क्यों चला जाना चाहिए था
पाकिस्तान?

जिन्होंने भारत में ही रहना चाहा
उन्हें ग़रीब बनाये रखना
क्यों ज़रूरी था?

जिस जगह राम के जनमने का
कोई सुबूत नहीं था
वहाँ जब बाबरी मस्जिद का
दूसरा गुम्बद भी ढहा दिया गया
तो पहले और दूसरे गुंबद के बीच
सरकार कहाँ थी
कहाँ था देश
और संविधान?

फिर भी तुम पूछो
क्यों नीला है आसमान
तो उसकी यही वजह है
कि दर्द के बावजूद
मुस्करा सकता है इंसान
मगर इससे भी अहम है

हिन्दी के लेखकों से पूछो :
जब आर्य भी बाहर से आये
तो मुसलमानों को ही तुम
बाहर से आया हुआ
क्यों बताते हो
उनकी क़ौमीयत पर सवाल उठाते हुए
उन्हें देशभक्त साबित करने की
उदारता क्यों दिखाते हो?

दरअसल बाहर से आया हुआ
किसी को बताना
उसे भीतर का न होने देना है

जबकि उनमें-से कोई
महज़ एक दरख़्त की ख़ातिर
1947 में
यहीं रह गया
पाकिस्तान नहीं गया

कुछ सवाल

(सईद अख़्तर मिर्ज़ा की फ़िल्म 'नसीम' देखकर)

ख़ुशी के चरम बिन्दु पर
इंसान को
दुख की आशंका क्यों होती है

ताजमहल देखकर
यह क्यों लगता है
उसे किसी की नज़र न लगे

हिन्दू घरों में औरतें
जलायी क्यों जाती हैं
मुसलमान घरों में
तलाक़ का रिवाज क्यों है

क्या तुम जानते हो
कविता को उसके संदर्भ से काटकर
शाइर के अस्ल मानी
बदलना गुनाह है

तहज़ीब और शख़्सीयत
यादों का कारवाँ है
तो तेरी तहज़ीब
मेरी भी क्यों नहीं है

मेरे होने में
तू भी शामिल है
तो यह आपस का
झगड़ा क्यों है

छब्बीस जनवरी को

छब्बीस जनवरी को
पुलिसवाले आये
हमारी दुकानें खुली थीं
इनकी फ़ोटो खींच ली

फिर फ़ोटो के सुबूत की बिना पर
हमें पीटा
थाने ले गये
हमसे रिश्वत वसूल की

जिस दिन देश गणतन्त्र हुआ था
उस दिन आम आदमी को
रोज़ी कमाना मना है

ख़ुशी मनाना अनिवार्य है
भले वह विपन्नता की ख़ुशी हो

टाइपिस्ट ने कहा :
आज आपकी कविता
टाइप नहीं हो सकती

मेरे विचार, मेरे स्वप्न
मेरे एहसास
मेरा सौन्दर्य-बोध

आज जारी नहीं हो सकता

कवि की छुट्टी का कोई दिन नहीं है
मगर आज के दिन
देश गणतन्त्र हुआ था

आज ख़ुशी मनाना अनिवार्य है
भले यह तुम्हें याद दिलाने के लिए हो
कि तुम ख़ुश नहीं हो
और यह
कि एक दिन तुम गुलाम थे

जाति-प्रथा

इक्कीसवीं सदी के पहले दशक में
देश के सबसे बड़े प्रदेश की
पहली दलित महिला मुख्यमन्त्री ने
वाल्मीकि जाति के
हितों की बाबत
एक फ़ैसला किया—
प्रदेश के हर गाँव में
एक मेहतर को
मेहतर की पक्की नौकरी
दी जाय

यानी मेहतर ही
मेहतर का काम करे
कोई दूसरी जाति
न करे

हम जाति-प्रथा को
नहीं मानते
उसके मतलब को
मानते हैं

जनता के पास एक दिन

जब भी महँगाई बढ़ती है
महँगाई भत्ता बढ़ता है
अख़बारों में
ऐसे अंदेशों की
ख़बरों के बीच
कि सरकार एक दिन
यह भत्ता
ख़त्म कर देगी

यानी महँगाई रहेगी
भत्ता नहीं रहेगा
क्योंकि जब भी भत्ता बढ़ता है
अख़बार यह ज़रूर छापते हैं
कि इससे सरकार पर
कितने हज़ार करोड़ रुपयों का
अतिरिक्त बोझ पड़ेगा

नौकरीपेशा मध्यवर्ग पर
मानसिक दबाव
कि हाय हाय
उसके वजूद से
सरकार का
कितना नुक़सान

सरकार का नुक़सान
यानी देश का नुक़सान
उन बेशुमार ग़रीबों
किसानों, मज़दूरों और
बेरोज़गारों का नहीं
जिन्हें भत्ता तो क्या
रोज़ी भी नसीब नहीं

जो उन्हें मिलता है वह सब्सिडी है
राहत या दया है
रसोई गैस में
खाद में
मिट्टी के तेल में
डीज़ल-पेट्रोल में

अपने किसानों को
सबसे ज़्यादा सब्सिडी देती
अमेरिकी सरकार कहती है
हमारी सरकार से—
सब्सिडी बंद करो
जब तक सब्सिडी रहेगी
तुम्हारी तरक़्क़ी नहीं होगी

अख़बार पढ़कर लगता है
सब्सिडी से देश
ख़तरे में है
देश यानी सरकार

अख़बार को हमदर्दी
अपने मालिक से है
मालिक को सरकार से
सरकार को बाज़ार से

बाज़ार को सरमायादार से
सरमायादार को हमदर्दी है
विश्व-व्यापार के
इजारेदार से

इसलिए सरकार हमारी
सब्सिडी ख़त्म कर रही है
एकमुश्त नहीं
धीरे-धीरे
गोया ख़ुशी से नहीं
इस लाचारी से
कि जनता के पास एक दिन
चुनाव में जाना है

सम्बन्ध

कर्मचारियों की सभा में
मालिक ने कहा :
हमारे-आपके सम्बन्ध
कभी ख़राब नहीं हो सकते
क्योंकि वेतन आपको सरकार देती है

कर्मचारी ख़ुश हुए
और मालिक से और भी प्रतिबद्ध

मगर वे यह बात भूल गये
कि वेतन जो सरकार देती है
वह जनता के चुकाये हुए
करों के संग्रह में-से
इसलिए उनकी जवाबदेही
मालिक या सरकार नहीं
जनता के प्रति है

मालिक भी यह नहीं बताता
वह दरअसल कहता है :
वेतन आपको कोई दे
रिश्ते हमारे-आपके
अच्छे रहेंगे

धारा 144

पूरे प्रान्त के विभिन्न शहरों में
तमाम केन्द्रों पर आयोजित थी
डॉक्टरी की बेहद संवेदनशील प्रवेश-परीक्षा

सरकार के हुक्म से
सख़्त इंतिज़ाम थे
कि कोई जालसाज़ी न हो सके

एक जगह पर अनेक लोगों का
जमाव न हो
आवाजाही नियंत्रित हो
संदिग्ध तत्त्व न देखे जायँ
परीक्षा-केन्द्रों के आसपास

एक शहर में प्रशासन ने
तैयारी बैठक की
सभापति के तौर पर
अतिरिक्त ज़िलाधीश ने कहा :
धारा 144 लागू कर दी गयी है
किसी को कुछ पूछना है?

एक मुलाज़िम ने कहा :
यह सुनिश्चित करना है
कि परीक्षा-केन्द्रों के

दो सौ मीटर के दायरे में
कोई फ़ोटोकॉपी मशीन न चलती हो

साहब ने जवाब दिया :
धारा 144 लागू कर दी गयी है

उसने फिर कहा :
इसे एक बार और देख लें
यह धारा 144 में नहीं है

इस पर साहब ने सवाल किया :
वैसे आपका नाम क्या है?

इसके बाद किसी ने कुछ नहीं पूछा
बैठक ख़त्म हुई
सभागार से सभी
यह कहते हुए निकले :
धारा 144 लागू कर दी गयी है

एक खो चुकी कहानी

क्या तुम्हें याद है
अपनी पहली रचना
एक खो चुकी कहानी
जो तुमने लिखी
जब तुम नौ-दस साल के थे
वही कोई सन् अस्सी-इक्यासी की बात है

तुम्हारे पिता यशपाल पर
शोध कर रहे थे
और कभी-कभार समूचे परिवार को
उनकी कुछ कहानियाँ सुनाते थे
शायद उसी से प्रभावित होकर
तुमने वह कहानी लिखी
जिसमें एक चोर का पीछा करते हुए
गाँववाले उसे पकड़ लेते हैं
गाँव के बाहर एक जंगल में
उसे पीटते हैं
और इस हद तक
कि आख़िर
उसकी मौत हो जाती है

तब क्या तुम्हें याद है
कि एक दिन घर में आये
बड़े मामा के बेटे

अपने सुशील भाईसाहब को
जब तुमने वह कहानी दिखायी
उन्होंने तुम्हारा मन रखने
या हौसला बढ़ाने के मक़सद से कहा :
अरे, इसका अन्त तो बिलकुल
यशपाल की कहानियों जैसा है

आज जब इस घटना को
लगभग तीस साल बीत गये
क्या तुम्हें नहीं लगता
कि देश-दुनिया के हालात ऐसे हैं
कि गाँव हों या शहर
चोर कहीं बाहर से नहीं आता
वह हमारे बीच ही रहता है
काफ़ी रईस और सम्मानित
उसे पकड़ना और पीटना तो दूर रहा
हम उसकी शिनाख़्त करने से भी
बचते हैं

रक्तचाप

रक्तचाप जीवित रहने का दबाव है
या जीवन के विशृंखलित होने का?

वह ख़ून जो बहता है
दिमाग़ की नसों में
एक प्रगाढ़ द्रव की तरह
किसी मुश्किल घड़ी में उतरता है
सीने और बाँहों को
भारी करता हुआ

यह एक अदृश्य हमला है
तुम्हारे स्नायु-तन्त्र पर

जैसे कोई दिल को भींचता है
और तुम अचरज से देखते हो
अपनी क़मीज़ को सही-सलामत

रक्तचाप बंद संरचना वाली जगहों में—
चाहे वे वातानुकूलित ही क्यों न हों—
साँस लेने की छटपटाहट है

वह इस बात की ताकीद है
कि आदमी को जब कहीं राहत न मिल रही हो
तब उसे बहुत सारी ऑक्सीजन चाहिए

अब तुम चाहो तो
डॉक्टर की बतायी गोली से

फ़ौरी तसल्ली पा सकते हो
नहीं तो चलती गाड़ी से कूद सकते हो
पागल हो सकते हो
या दिल के दौरे के शिकार
या कुछ नहीं तो यह तो सोचोगे ही
कि अभी-अभी जो दोस्त तुम्हें विदा करके गया है
उससे पता नहीं फिर मुलाक़ात होगी या नहीं

रक्तचाप के नतीजे में
तुम्हारे साथ क्या होगा
यह इस पर निर्भर है
कि तुम्हारे वजूद का कौन-सा हिस्सा
सबसे कमज़ोर है

तुम कितना सह सकते हो
इससे तय होती है
तुम्हारे जीवन की मियाद

सोनभद्र के एक सज्जन ने बताया—
(जो वहाँ की नगरपालिका के पहले चेयरमैन थे
और हर साल निराला का काव्यपाठ कराते रहे
जब तक निराला जीवित रहे)—
रक्तचाप अपने में कोई रोग नहीं है
बल्कि वह है
कई बीमारियों का प्लेटफ़ॉर्म
और मैंने सोचा
कि इस प्लेटफ़ॉर्म के
कितने ही प्लेटफ़ॉर्म हैं

मसलन संजय दत्त के
बढ़े हुए रक्तचाप की वजह
वह बेचैनी और तनाव थे
जिनकी उन्होंने जेल में शिकायत की

तेरानबे के मुम्बई बम कांड के
कितने सज़ायाफ़्ता क़ैदियों ने
की वह शिकायत?

अपराध-बोध, पछतावा या ग्लानि
कितनी कम रह गयी है
हमारे समाज में

इसकी तस्दीक़ होती है
एक दिवंगत प्रधानमन्त्री के
इस बयान से
कि भ्रष्टाचार हमारी ज़िन्दगी में
इस क़दर शामिल है
कि अब उस पर
कोई भी बहस बेमानी है

इसलिए वे रक्त कैंसर से मरे
रक्तचाप से नहीं

हिन्दी के एक आलोचक ने
उनकी जेल डायरी की तुलना
काफ़्का की डायरी से की थी
हालाँकि काफ़्का ने कहा था
कि उम्मीद है
उम्मीद क्यों नहीं है
बहुत ज़्यादा उम्मीद है
मगर वह हम जैसों के लिए नहीं है

जैसे भारत के किसानों को नहीं है
न कामगारों-बेरोज़गारों को
न पी. साईंनाथ को
और न ही वरवर राव को है उम्मीद
लेकिन प्रधानमन्त्री, वित्तमन्त्री
और योजना आयोग के उपाध्यक्ष को

बाबा रामदेव को
और मुकेश अम्बानी को उम्मीद है
जो कहते हैं
कि देश की बढ़ती हुई आबादी
कोई समस्या नहीं
बल्कि उनके लिए वरदान है

मेरे एक मित्र ने कहा :
रक्तचाप का गिरना बुरी बात है
लेकिन उसके बढ़ जाने में कोई हरज नहीं
क्योंकि सारे बड़े फ़ैसले
उच्च रक्तचाप के
दौरान ही लिये जाते हैं

इसलिए यह खोज का विषय है
कि अठारह सौ सत्तावन की
डेढ़ सौवीं सालगिरह मना रहे
देश के प्रधानमन्त्री का
विगत ब्रिटिश हुकूमत के लिए
इंग्लैण्ड के प्रति आभार-प्रदर्शन
बहुराष्ट्रीय कम्पनियों के लिए
वित्त मन्त्री का निमन्त्रण—
कि आइये हमारे मुल्क में
और इस बार
ईस्ट इण्डिया कम्पनी से
कहीं ज़्यादा मुनाफ़ा कमाइये
और नन्दीग्राम और सिंगूर के
हत्याकांडों के बाद भी
उन पाँच सौ विशेष आर्थिक क्षेत्रों को
कुछ संशोधनों के साथ
क़ायम करने की योजना—
जिनमें भारतीय संविधान
सामान्यतः लागू नहीं होगा—

क्या इन सभी फ़ैसलों
या कामों के दरमियान
हमारे हुक्मरान
उच्च रक्तचाप से पीड़ित थे?

या वे असंख्य भारतीय
जो अठारह सौ सत्तावन की लड़ाई में
अकल्पनीय बर्बरता से मारे गये
क़र्ज़ में डूबे वे अनगिनत किसान
जिन्होंने पिछले बीस बरसों में
आत्महत्याएँ कीं
और वे जो नन्दीग्राम में
पुलिस की गोली खाकर मरे—
अपना रक्तचाप
सामान्य नहीं रख पाये?

यों तुम भी जब मरोगे
तो कौन कहेगा
कि तुम उत्तर आधुनिक सभ्यता के
औज़ारों की चकाचौंध में मरे
लगातार अपमान
और विश्वासघात से

कौन कहता है
कि इराक़ में जिसने
लोगों को मौत की सज़ा दी
वह किसी इराक़ी न्यायाधीश की नहीं
अमेरिकी निज़ाम की अदालत है

सब उस बीमारी का नाम लेते हैं
जिससे तुम मरते हो
उस विडम्बना का नहीं
जिससे वह बीमारी पैदा हुई थी

गोया

कार से टकराते बचा
वह आदमी भी
कार चलाती स्त्री को
देखकर मुस्कराया

गोया औरत के हाथों
मारा जाना भी
कोई सुख हो

प्रेरणा

एकपत्नीव्रत की प्रेरणा
राम को
अपने पिता से
मिली होगी

न तीन रानियाँ होतीं
न सपत्नी-डाह से
पैदा हुआ
स्त्री-हठ
न वनवास
न पिता का वह
असमय चले जाना

प्रेम की सफलता

विवेक अपरिहार्य है

यह अनुमान करने के लिए नहीं
कि प्रेम सफल होगा या नहीं—
क्योंकि प्रेम की सफलता
उसके बाहर नहीं होती—

यह देखने के लिए
कि जिसे हम चाहते हैं
प्रेम की सफलता के लिए
उसका इस्तेमाल तो नहीं कर रहे

आत्मा में

आत्मा में कोई त्रुटि थी
मैं यह मानने को
तैयार नहीं

कुछ व्यावहारिक
सांसारिक
अड़चनें रही होंगी
जिनके होते
मैं प्यार में
नाकाम रहा

फिर याद आया
किसी का
वह महान् कथन
कि प्रेम में
असफल होना
प्रेम न करने से
बेहतर है

शायद इसीलिए
उस अनुभव से
बाहर आया मैं
एक आत्मिक
उजास के साथ

चाहे वह उसकी
देह की
गौर आभा हो
या उसकी
उत्कट संसक्ति की
या दोनों की ही

आज भी
चीज़ों को
देखने-समझने में
जीने में
वह मेरा
मार्मिक सहारा है

आत्मा में कोई त्रुटि थी
मैं यह मानने को
तैयार नहीं

वह सैंडविच

वह सैंडविच जो तुमने
विदा होते समय दी थी
ट्रेन में
रात साढ़े नौ बजे
मेरे इसरार के बावजूद
कि घर पर माँ
खाने पर
इन्तिज़ार कर रही होंगी

वह एसएमएस
कि 'मैं तुमसे सम्मोहित हूँ'
मैंने भेजा तुम्हें
आधी रात के नशे में
अन्यथा इतना साहस
कहाँ देता है समाज

अर्से बाद मेरा डरते-डरते पूछना
सुखद अचरज तुम्हारा कहना
कि वह संदेश अब भी
सुरक्षित है

वाणी में इतनी सौम्यता
जैसे वह दुख को
बहुत पीछे छोड़कर

आयी हो मेरे पास
सौन्दर्य में इतना संकोच
जैसे वह प्रकट होकर भी
अप्रकट था

काश! मैं कह सकता तुमसे
संस्कृति अगर रूप धारण करती
तो तुम्हारे जैसी होती
वह जिसमें हम साँस लेते हैं
पर जिसे पा नहीं सकते

दिन हैं या पर्दों का
एक सिलसिला है
रोज़ एक पर्दा हटाता हूँ
पूछता हूँ इस बियाबान में—
कहाँ हो तुम?

संवाद

मेरा एक साल का बच्चा
रास्ते में मिलनेवाली
हर गाय, भैंस, कुत्ता
बकरी और सूअर को
कितने प्यार, उत्कंठा
और सब्र से
'बू... आ', 'बू... आ'
कहकर पुकारता है

वह कितनी ममता से चाहता है
वे उससे बात करें

मैं एक लाचार दुभाषिये की मानिंद
दुखी होता हूँ

मैं उसे कैसे समझाऊँ
वे बोल नहीं सकते

वे अक्सर अपने में मशगूल रहते हैं
कोई कुत्ता कभी विस्मय से
उसे निहारता है
कोई गाय भीगी आँखों से
उसे देख-भर लेती है

तब मुझे उसकी ललक
अच्छी लगती है
जो दरअसल यह बताती है
कि संवाद
हर सूरत में
संभव है

टैरू

कुछ अर्सा पहले
एक घर में मैं ठहरा था

आधी रात किसी की
भारी-भारी साँसों की आवाज़ से
मेरी आँख खुली
तो देखा नीम-अँधेरे में
टैरू एकदम पास खड़ा था
उस घर में पला हुआ कुत्ता
बॉक्सर पिता और
जर्मन शेफ़र्ड माँ की संतान

दोपहर का उसका डरावना
हमलावर भौंकना
काट खाने को तत्पर
तीखे पैने दाँत याद थे
मालिक के कहने से ही
मुझको बख़्श दिया था

मैं बहुत डरा-सहमा
क्या करूँ कि यह बला टले
किसी तरह हिम्मत करके
बाथरूम तक गया
बाहर आया तो टैरू सामने मौजूद
फिर पीछे-पीछे

बिस्तर पर पहुँचकर
कुछ देर के असमंजस
और चुप्पी के बाद
एक डरा हुआ आदमी
अपनी आवाज़ में
जितना प्यार ला सकता है
उतना लाते हुए मैंने कहा :
सो जाओ टैरू !

टैरू बड़े विनीत भाव से
लेट गया फ़र्श पर
उसने आँखें मूँद लीं

मैंने सोचा :
सस्ते में जान छूटी
मैं भी सो गया

सुबह मेरे मेज़बान ने
हँसते-हँसते बताया :
टैरू बस इतना चाहता था
कि आप उसके लिए गेट खोल दें
और उसे ठंडी खुली हवा में
कुछ देर घूम लेने दें

आज मुझे यह पता लगा :
टैरू नहीं रहा

उसकी मृत्यु के अफ़सोस के अलावा
यह मलाल मुझे हमेशा रहेगा
उस रात एक अजनबी की भाषा
उसने समझी थी
पर मैं उसकी भाषा
समझ नहीं पाया था

आम

रसाल है रामचरित
और रसाल है
अवधी में उसका विन्यास

भक्ति का रस
और काव्य का रस
जानने में
शायद इससे भी मदद मिले
कि कौन-सा आम
खाते थे तुलसीदास

सबब

सोमवार का दिन
अचरज हुआ
उसकी दुकान खुली थी

पूछा :
शिवाले नहीं गये?

उसने कहा :
नहीं
आजकल हम उनसे
नाराज़ चल रहे हैं

मैंने पूछा :
किससे?
क्या पुजारी से
कोई झगड़ा हो गया?

उसने रहस्य-भरी
मुस्कराहट के साथ
जवाब दिया :
नहीं
हमारा झगड़ा उनसे है

अब यह ऐसी बात है
कि मुस्कराये बग़ैर
आप भी रहेंगे नहीं

वृक्षारोपण

प्रबोध जी अध्यापक हैं
ज़िला शिक्षा प्रशिक्षण संस्थान में

एक दिन सरकारी निर्देशों के मुताबिक़
वहाँ वृक्षारोपण कार्यक्रम का आयोजन हुआ

मुख्य अतिथि बनाये गये
संयुक्त शिक्षा निदेशक
यानी जे.डी. साहब
प्रबोध जी को संचालन सौंपा गया

प्राचार्या ने स्वागत-भाषण में
जे.डी. साहब के लिए वही कहा
जो कबीर ने प्रभु की
महिमा में कहा था :
"सात समुंद की मसि करौं,
लेखनि सब बनराइ।
धरनी सब कागद करौं,
हरि गुन लिखा न जाइ।।"

प्रबोध जी से रहा नहीं गया
संचालक की हैसियत से वह बोले :
'जब मुख्य अतिथि की तारीफ़ में
काट डाले जायेंगे बनराइ
तो वृक्षारोपण
क्यों करते हो भाई?'

सरकारी हिन्दी

डिल्लू बापू पंडित थे
बिना वैसी पढ़ाई के

जीवन में एक ही श्लोक
उन्होंने जाना
वह भी आधा
उसका भी वे
अशुद्ध उच्चारण करते थे

यानी 'त्वमेव माता चपिता त्वमेव
त्वमेव बन्धुश चसखा त्वमेव'

इसके बाद वे कहते
कि आगे तो आप जानते ही हैं

गोया जो सब जानते हों
उसे जानने और जनाने में
कौन-सी अक़्लमंदी है?

इसलिए इसी अल्प-पाठ के सहारे
उन्होंने सारे अनुष्ठान कराये

एक दिन किसी ने उनसे कहा :
बापू, संस्कृत में भूख को
क्षुधा कहते हैं

डिल्लू बापू पंडित थे
तो वैद्य भी उन्हें होना ही था

नाड़ी देखने के लिए वे
रोगी की पूरी कलाई को
अपने हाथ में कसकर थामते
आँखें बन्द कर
मुँह ऊपर को उठाये रहते

फिर थोड़ा रुककर
रोग के लक्षण जानने के सिलसिले में
जो पहला प्रश्न वे करते
वह भाषा में
संस्कृत के प्रयोग का
एक विरल उदाहरण है

यानी 'पुत्तू ! क्षुधा की भूख
लगती है क्या?'

बाद में यही
सरकारी हिन्दी हो गयी

झुकता है माथ

जिसको न हो
आहत हृदय की पहचान
वह मित्र है या
मित्रता का अपमान?

जो झूठ और
अन्याय का
साथ दे
और मुझसे कहे—
'तुम्हारे साथ
नहीं हुआ न्याय'
उसका क्या उपाय?

जो कृतघ्न हो
विचारों के नाम पर
और अवसर
अगर मिल जाय तो
विचारों को
ताक पर
रख दे

ऐसी अनूठी
शख़्सीयत को देखकर
झुकता है माथ

सोचता हूँ
इस कठिन क्षण में
कौन देगा साथ?

देखिये

सोवियत संघ के पराभव के बाद
जब धर्म की वापसी हो रही थी वहाँ
और दूसरे पूर्व-कम्युनिस्ट देशों में भी
यह क़िस्सा मुझे हिन्दी के
एक कवि ने सुनाया था

सोवियत संघ की यात्रा पर
जब नागार्जुन गये
तो मास्को में एक लिफ़्ट में
उनकी भेंट एक वयोवृद्ध स्त्री से हुई
विदा होते समय उस स्त्री ने
स्वगत शैली में कुछ कहा

नागार्जुन ने पूछा :
वह स्त्री क्या कह रही थी?

उनके दुभाषिये ने बताया :
वह ईश्वर से आपके लिए
दुआ माँग रही थी

नागार्जुन को अचरज हुआ :
सोवियत संघ और ईश्वर?

दुभाषिये ने कहा :
भाषा का क्या किया जाय

भाषा में ईश्वर—
यह शब्द तो है

मुझे लगा, क़िस्सागो कवि से कहूँ :
अगर यह आपकी चेतना में है
यथार्थ में है
तो आप सिर्फ़ इशारा कर रहे हैं—
एक निर्वैयक्तिक इशारा—
देखिये, यह सब
कहाँ से लौट आया है

आख़िरी बात

अल्लाह रक्खा रहमान को
संगीत-रचना के लिए ऑस्कर मिला
तो देश के दो सबसे बड़े हिन्दी अख़बारों के
स्थानीय संवाददाताओं ने
फ़ोन पर मुझसे सवाल किया :
क्या आपको लगता है
कि 'स्लमडॉग मिलियनेयर' के
निर्माता-निर्देशक ब्रिटिश थे
इसलिए यह ऑस्कर मिल गया?

मैंने कहा :
मुझे ऐसा नहीं लगता
क्योंकि पहले सत्यजित राय को
सिनेमा की दुनिया में
उनके जीवन-भर के अवदान के लिए
ऑस्कर मिल चुका है

दूसरे, आप इस पर विचार कीजिये
कि गाँधी पर सबसे अच्छी फ़िल्म
रिचर्ड एटनबरो बनाते हैं
शंकर-पार्वती पर सबसे अच्छी कविता
आक्तावियो पाज़ लिखते हैं
तो क्या हम अपने इतिहास
संस्कृति और मिथकों के प्रति

उतने संजीदा, समर्पित और निष्ठावान् हैं
जितने कि जिन्हें आप
विदेशी कह रहे हैं?

आख़िरी बात यह कि
रहमान की यह महान् उपलब्धि है
देश के लिए गौरव की बात है
वे ग़ैर-हिन्दू हैं
इसलिए यह भी एक मौक़ा है
जब हिन्दुत्ववादियों को
भारत की गंगा-जमुनी संस्कृति का
सम्मान करना
उस पर नाज़ करना सीखना चाहिए

अलग-अलग बातचीत में
दोनों ही पत्रकारों ने कहा :
ठीक है, ठीक है,
आपने हमारे मतलब का
काफ़ी-कुछ कह दिया

अगले दिन दोनों अख़बारों में छपा
कि मैं भी इस बात से सहमत हूँ
कि फ़िल्मकार विदेशी थे
इसलिए ऑस्कर मिल गया
क्योंकि एटनबरो और पाज़ भी विदेशी थे
अगर्चे सत्यजित राय का नाम भी छपा
लेकिन आख़िरी बात नहीं छपी
जैसे मैंने वह कही ही नहीं थी

पुरुषत्व एक उम्मीद

मोबाइल आप कहाँ रखेंगे?

क़मीज़ के बायीं ओर
ऊपर जेब में?
तो दिल को ख़तरा है

कान से लगाकर रोज़ाना
ज़्यादा बात करेंगे
तो कुछ बरसों में
आंशिक बहरापन
आ सकता है

सिर के पास रखने से
ब्रेन ट्यूमर का अंदेशा है

टेलीकॉम कम्पनियों के
बेस स्टेशनों के
एंटीना से निकलती ऊर्जा
कोशिकाओं का तापमान बढ़ाती है
बड़ों की बनिस्बत बच्चे इससे
अधिक प्रभावित होते हैं

मोबाइल के ज़्यादा इस्तेमाल से
याददाश्त और दिशा-ज्ञान सरीखी

दिमाग़ी गतिविधियों पर
व्यवहार पर
बुरा असर पड़ता है
ल्यूकेमिया जैसी ख़ून की बीमारी
हो सकती है

इसलिए डॉक्टर कहते हैं :
कुछ घण्टे मोबाइल को
पूरे शरीर से ही
दूर रखने की आदत डालें
और अगर पैंट की जेब में रखेंगे
तो पुरुषत्व जा सकता है

इस पर एक उच्च-स्तरीय भारतीय संस्थान में
कुछ बुद्धिजीवी
अपने एक सहधर्मी के सुझाव से
सहमत और गद्‌गद थे
कि दिल भले जाय
हम तो पुरुषत्व को बचायेंगे

इस तरह मैंने जाना
पुरुषत्व एक उम्मीद है समाज की
जिसके पास दिल नहीं रहा

जाति के लिए

ईश्वर सिंह के उपन्यास पर
राजधानी में गोष्ठी हुई
कहते हैं कि बोलनेवालों में
उपन्यास के समर्थक सब सिंह थे
और विरोधी ब्राह्मण

सुबह उठा तो
अख़बार के मुखपृष्ठ पर
विज्ञापन था :
'अमर सिंह को बचायें'
और यह अपील करनेवाले
सांसद और विधायक क्षत्रिय थे

मैं समझ नहीं पाया
अमर सिंह एक मनुष्य हैं
तो उन्हें क्षत्रिय ही क्यों बचायेंगे?

दोपहर में
एक पत्रिका ख़रीद लाया
उसमें कायस्थ महासभा के
भव्य सम्मेलन की ख़बर थी
देश के विकास में
कायस्थों के योगदान का ब्योरा
और आरक्षण की माँग

मुझे लगा
योगदान करनेवालों की
जाति मालूम करो
और फिर लड़ो
उनके लिए नहीं
जाति के लिए

शाम को मैं मशहूर कथाकार
गिरिराज किशोर के घर गया
मैंने पूछा : देश का क्या होगा?
उन्होंने कहा : देश का अब
कुछ नहीं हो सकता

फिर वे बोले : अभी
वैश्य महासभा वाले आये थे
कह रहे थे - आप हमारे
सम्मेलन में चलिए

फँस गये हैं

अलस्सुबह ग्राम-प्रधान अपने तख़्त पर
नर्म बिछावन पर
शीर्षासन कर रहे थे

जो किसान उनसे मिलने गया
उसके मुताबिक़
प्रधान तख़्त पर उलटा खड़े थे

उसने उनसे पूछा :
क्या इसमें समय लगेगा?

प्रधान ने आँखों और भौंहों के
समवेत इशारे से कहा :
हाँ

उतनी देर वह इंतिज़ार करता रहा

व्यायाम के बाद
उन्होंने पूछा :
क्या काम है?

किसान को बैंक से क़र्ज़
इसलिए उसके प्रार्थना-पत्र पर
प्रधान की सिफ़ारिश के
दस्तख़त चाहिए थे

काग़ज़ को उन्होंने ग़ौर से पढ़ा
फिर बोले :
इसमें तो हम फँस जायेंगे !

किसान ने आव देखा न ताव
क़र्ज़ का ख़याल ही न रहा
काग़ज़ वापस लेकर कहा :
फँस तुम नहीं जाओगे
फँस हम गये हैं
तुम्हें वोट देकर फँस गये हैं

पुलिस की गाड़ी

पुलिस की गाड़ी
जहाँ भी दिखी
एक समस्या दिखी
इस समस्याहीन शहर में

गोकि समस्याएँ
बहुत थीं

कमीनों का क्या है

गाँव से एक महाशय आये
रईस, सम्मानित, प्रभावशाली
एक गृह-प्रवेश समारोह में
मिल गये

गाँव में उनके कई धंधे
खाद, सीमेण्ट, डीज़ल
दवाओं की बिक्री के
एक जीप किराये पर चलाने की
हर धंधे में मिलावट, बेईमानी
चोरी, जालसाज़ी और झूठ

एक और धंधा
पाँच सौ रुपये के नक़ली
नोटों का
जिनमें-से कुछ आख़िरकार
पुलिस ने ज़ब्त किये
उनके घर से
एक आधी रात
जिसका मुक़द्दमा
शायद अब भी चलता हो
किसी अदालत में

और वह ज़मानत पर छूटे हुए

उनका लाखों का कारोबार

बहरहाल, उस जलसे में मुझसे
अपनी पत्नी की
बीमारी का ज़िक्र किया
पूछा : कोई डॉक्टर बताओ
पेट का जानकार

मैंने कहा : हाँ! हैं
इस शहर में
एक बहुत बड़े डॉक्टर
उनको दिखाइये
शर्तिया फ़ायदा होगा
डॉक्टरी इतनी चलती है
कि अभी इनकम टैक्स का
छापा पड़ा था
करोड़ों रुपये बरामद हुए

वह सुनते रहे ध्यान से
फिर गुस्से में बोले—
कमीनों का क्या है
फिर कमा लेंगे

यह बात
ऐसे कही गयी थी
इतनी हिक़ारत और इत्मीनान से
जैसे यह ख़ुद उनके बारे में
सही नहीं थी

सब सहमत या बेज़ार हैं

मैं कहीं जा रहा हूँ
वहाँ जाने के कई रास्ते हैं

किसी सड़क पर कुछ क़दम चलता हूँ
कि एक जेनरेटर की
भड़भड़ सुनायी पड़ती है

मैं लौट पड़ता हूँ
दूसरी सड़क या गली में
मुड़ जाता हूँ
फिर वही शोर

जैसे हर दिशा में
एक गुर्राता हुआ जानवर बैठा है
गोकि वह झपटता नहीं

हमला है पर अदृश्य है

उसे पार करने के बाद
एक दुकानदार से पूछता हूँ :
बिजली आ गयी क्या?

वह अवाक् होकर मेरी ओर देखता है
मैं कहता हूँ :
जेनरेटर की आवाज़
नहीं सुनायी पड़ रही

सहसा मुझे सुनायी पड़ती है
दूर से आती हुई आवाज़
जैसे कोई भूली हुई तकलीफ़
याद आती हो
मैं पहचानता हूँ :
हाँ, यह जेनरेटर ही है

दिन में तो जेनरेटरों की
ख़ामोशी से समझता हूँ
कि बिजली आ रही होगी
कभी-कभार किसी और मशीन की
आवाज़ से धोखा हो जाता है
कि बिजली नहीं आ रही है

ग़रीबों के यहाँ बिजली के
संकट के बीच जेनरेटर
कुछ लोगों की
रईसी का नगाड़ा है

जो और भी अमीर हैं
उनके यहाँ शक्तिशाली जेनसेट हैं
बड़े-बड़े बँगलों, बहुमंज़िला इमारतों, दफ़्तरों में
देखने में सुंदर, शालीन, आयताकार
उनसे कम शोर होता है
कम प्रदूषण भी

वे हमारे प्रभु-वर्ग के लिए
कुछ राहत का सबब हैं
पर कुल मिलाकर जेनरेटरों से
हवाओं में ज़हर है
शोर है बेइंतिहा

फिर भी सारा दुख
बिजली के ठीक न होने

घर-घर न पहुँचने
और बीच-बीच में
ग़ायब हो जाने का नहीं है
बल्कि इसका है
कि ये निजी व्यवस्थाएँ
उस सार्वजनिक महाशक्ति का
विकल्प नहीं हैं

अब लोड-शेडिंग और पॉवर बैक-अप
ऐसे शब्द हैं
जिन्हें आप नहीं जानते
तो भाषा नहीं जानते

डॉक्टर के यहाँ
मुझे एक बहुत लहीम-शहीम
आदमी बैठा मिलता है
उसका घर, दफ़्तर, कार
सब ए.सी. है
ए.सी. के बग़ैर
वह सो नहीं सकता

आज पूरी रात बिजली नहीं आयी
इसलिए उसकी तबीअत ख़राब है
मैं जान जाता हूँ
उसका पॉवर बैक-अप कमज़ोर है

मुम्बई में बिजली बिलकुल नहीं जाती
पर मुम्बई से लगे हुए ठाणे में
रहनेवाला दोस्त कहता है :
यहाँ बिजली रोज़ आठ घंटे जाती है
बाक़ी समय जब आती है
तो अपना ही इतना काम रहता है

कि दायें-बायें देखने की
फ़ुर्सत नहीं मिलती

गुड़गाँव में रहनेवाले कवि से मैं
अचरज से पूछता हूँ—
बिजली आपके यहाँ भी जाती है?

'क्यों भई, ख़ूब जाती है
गुड़गाँव हरियाणा में है
पॉवर-कट तो दिल्ली में भी होता है'

दिल्ली में रहनेवाला कवि
बेगूसराय से लौटकर बताता है :
बेगूसराय में तो बिजली ही नहीं थी
बेगूसराय मुझे
अँधेरे के समुद्र जैसा लगा

मैंने पूछा :
लोग वहाँ रहते कैसे हैं?
लोग काम चलाते हैं
जेनरेटर, पेट्रोमेक्स, लालटेन वग़ैरह से

सुनता हूँ कि शहर के
सबसे बड़े अस्पताल
किसी बहुत बड़े शिक्षा-संस्थान
या किसी ख़ास रिहाइशी इलाक़े में
बिजली कभी जाती ही नहीं है

कहीं बिजली के भारी-भरकम बिल
पहले से चुका दिये गये हैं
कहीं मरीज़ों की जान ख़तरे में है
कहीं लोग बहुत अहम काम में लगे हैं
ख़ास तौर पर हुकूमत चलाने के लिए

हर घड़ी बिजली की
ज़रूरत पड़ती है

बाक़ी देश का स्वास्थ्य, शिक्षा
ज़िम्मेदारियाँ और कर्तव्य
उतने अहम नहीं हैं
और अगर हैं भी
तो फ़िलहाल हमारे पास
इतनी बिजली नहीं है

फ़िलहाल में ग़र्क़ हैं
पूरी-पूरी ज़िन्दगियों के सवाल

अमेरिका से एक बहुराष्ट्रीय कम्पनी
बिजली बनाने महाराष्ट्र आती है
उसकी बिजली की अनुमानित क़ीमत इतनी है
कि देश का आम आदमी
उसे चुका नहीं सकता
इसलिए वह कम्पनी आख़िरकार
बिजली के एवज़ में नहीं
क़रार को सरकार द्वारा
बीच में ख़ारिज करने के
हर्जाने के तौर पर
करोड़ों रुपये वसूल करके जाती है

बाद में पता चलता है
कि एनरॉन को
बिजली नहीं बनानी थी
अपने दिवालियेपन से उबरना था
और हमारे नेताओं और अफ़सरों को
बिजली नहीं
क़रार को मंज़ूर करने के लिए
कमीशन चाहिए था

एक कलावादी कवि कहता है :
आप लोग हमेशा
बिजली के न आने का
रोना रोते रहते हैं
हमारे ज़माने में जब बिजली नहीं थी
या बहुत कम थी
हम लोग कितना काम करते थे

कुछ लोगों को लगता है
पुराना ज़माना अच्छा था
मिट्टी या खपरैल वाले घर थे
और अब जब वे नहीं हैं
बिजली की आदत न पड़े तो अच्छा है
जितना सुखी रहने की आदत आप डालेंगे
उतने ही दुखी होंगे

पर अक्सर लोग संतुष्ट हैं
जितने समय बिजली आती है
उतने समय से
उतने समय में
इन्वर्टर चार्ज हो जाते हैं
उतने समय की ख़ुशी से
बाक़ी समय के दुख से
निपटा जा सकता है

इस तरह सब सहमत या बेज़ार हैं
एक महाआख्यान की विफलता से
अलबत्ता इस अँधेरे में
उनकी कोई सुनवाई नहीं है
जिनकी संख्या सबसे ज़्यादा है
और जिन तक रौशनी
अभी पहुँची ही नहीं है

इस तरह प्यार

तुम स्थिर नहीं
प्यार के वादे पर

मैं
प्यार न करने के वादे पर
स्थिर नहीं

इस तरह प्यार
संभव है

सोचता हूँ कि चला जाऊँ

सोचता हूँ कि चला जाऊँ
पर कहाँ चला जाऊँ, प्रिय?

जितनी भी नदियाँ हैं
उनमें तुम्हारा पानी बहता है

जितने भी पहाड़ हैं
उनमें तुम्हारा औदात्य है

वृक्षों की छाया में
तुम्हारा स्पर्श है

धूप की आँच
जिससे फ़सलें पकती हैं
और मनुष्य प्रसन्न होते हैं
वह तुम हो

तुम्हारी हँसी में जो चन्द्रमा है
वह मेरी रात का निकष है
दूर होकर भी
कितना मेरे पास है

सोचता हूँ कि चला जाऊँ
पर कहाँ चला जाऊँ, प्रिय?

आख़िर यह लगा

तुम मेरे पास आयीं
और तुमने कहा :
यह सुरक्षा है

मैंने कहा :
मैं तुम्हें क्या सुरक्षा दे सकता हूँ
मैं तो स्वयं अरक्षित हूँ

मगर मैंने सुरक्षा महसूस की
तुम्हारे सान्निध्य में

आख़िर यह लगा
कि बचा वही रहा था
जो बचना चाहता था

मैं तुम्हें इस तरह चाहूँ

तुम आयीं
थकान और अवसाद से चूर
एक हार का निशान था
तुम्हारे चेहरे पर

वह तुम्हारी करुणा
उसका क्या उपचार है
मेरे पास?

और वह आक्रोश
जो मुझपर सिर्फ़ इसलिए है
मैं हूँ

कोई बुहार दे इन रास्तों को
तुम्हारे लिए
अगर तुम्हारी ख़ुशी में
मेरे होने का
कोई दाग़ भी है

मैं तुम्हें इस तरह चाहूँ
कि तुम्हारी चाहतों को भी
चाह सकूँ

तुम जहाँ मुझे मिली थीं

तुम जहाँ मुझे मिली थीं
वहाँ नदी का किनारा नहीं था
पेड़ों की छाँह भी नहीं

आसमान में चन्द्रमा नहीं था
तारे नहीं

जाड़े की वह धूप भी नहीं
जिसमें तपते हुए तुम्हारे गौर रंग को
देखकर कह सकता :
हाँ, यह वही 'श्यामा' है
'मेघदूत' से आती हुई

पानी की बूँदें, बादल
उनमें रह-रहकर चमकनेवाली बिजली
कुछ भी तो नहीं था
जो हमारे मिलने को
खुशगवार बना सकता

वह कोई एक बैठकख़ाना था
जिसमें रोज़मर्रा के काम होते थे
कुछ लोग बैठे रहते थे
उनके बीच अचानक मुझे देखकर
तुम परेशान-सी हो गयीं

फिर भी तुमने पूछा :
तुम ठीक तो हो?

तुम्हारा यह जानते हुए पूछना
कि मैं ठीक नहीं हूँ
मेरा यह जानते हुए जवाब देना
कि उसका तुम कुछ नहीं कर सकतीं

सिर्फ़ एक तकलीफ़ थी जिसके बाद
मुझे वहाँ से चले आना था
तुम्हारी आहत दृष्टि को
अपने सीने में सँभाले हुए

वही मेरे प्यार की स्मृति थी
और सब तरफ़ एक दुनिया थी
जो चाहती थी
हम और बात न करें
हम और साथ न रहें
क्योंकि इससे हम
ठीक हो सकते थे

तिल

सौन्दर्य जहाँ सघन हुआ था
वहाँ तिल था
तिल को चूमना
समूचे सौन्दर्य को चूमना था

एक ही

यहाँ एक स्त्री है
जो किसी और ही
दुनिया में रहती है
यह उसके स्वप्न की
दुनिया नहीं

फ़िलहाल उसका सपना टूटता है
उसके बच्चे के
रोने और किलकने से
वह निशानी है प्यार की
जो उस स्त्री और
उसके पति के बीच
हुआ था
और नहीं भी हुआ था

पहले वह दो बच्चे चाहती थी
शायद इसलिए
कि ख़ुशी दोगुनी हो जाय
प्यार दोगुना होकर मिले
या इस अज्ञात भय से
कि एक बच्चा कहीं खो जाय
तो दूसरे से आँसू थम सकें

मगर वह पहले बच्चे के

लालन-पालन की मुश्किलों से
इतनी आहत और पस्त है
कि अब वह कहती है :
'एक ही काफ़ी है'

अगरचे इस एक को वह
दिलोजान से चाहती है
इतनी उत्कंठा और संसक्ति से
गोया यह उस प्यार का विकल्प है
जो वह अब तक नहीं कर पायी

उसे देखकर लगता है—
गोया सचमुच
'एक ही काफ़ी है'

रक़ीब को देखकर

रक़ीब को देखकर मुझे लगाः
यह मेरा रक़ीब नहीं हो सकता
फिर लगा कि हो सकता है
दुनिया में
कुछ भी हो सकता है

रक़ीब को देखकर मुझे लगाः
वह मेरा अतीत है
वह मेरा भविष्य है
और वर्तमान?
वर्तमान को लेकर
तुम इतने ख़ौफ़ज़दा क्यों हो?
वर्तमान में
क्या वह नहीं है?

तुम्हारी बेवफ़ाई पर—
तुम उसे अपनी मजबूरी कहना चाहो तो
मजबूरी सही—
एक दिन उमराव जान
तुम्हें तमाचा मार देगी

उसके बाद भी
उसकी ज़िन्दगी में

लोग आयेंगे
मगर क्या वे
तुम्हारी जगह आयेंगे?

नहीं
वे अपनी-अपनी जगह आयेंगे

•

विकल्प

जहाँ तक मैं जानता हूँ
भारत में
बीसवीं सदी के आख़िरी दशक के
अख़ीर में
तमाम आवेदन-पत्रों में
पिता के साथ-साथ
माँ का नाम लिखे जाने के
चलन की शुरूआत
लखनऊ विश्वविद्यालय की पूर्व-कुलपति दार्शनिक
रूपरेखा वर्मा ने कराई

ज़ाहिर है
न्याय
स्त्रियों के सम्मान
और अधिकारों की
रक्षा की बाबत
यह ज़रूरी फ़ैसला था

हालाँकि इसका तकनीकी पहलू
हाल में
मेरे एक मित्र ने सुझाया
कि इससे जालसाज़ी का
अंदेशा कम होता है

गोकि ऐसा लगा नहीं मुझे

रही आवेदन-पत्रों की बात
तो मेरे ख़याल से
सच के और नज़दीक
जाने के लिए
विवाहित/अविवाहित वाले मामले में
दो और विकल्प
देने ज़रूरी हैं—
अविवाहित विवाहित
और
विवाहित अविवाहित

दरवाज़े ही तो हैं

सुनसान दीवारें
दरवाज़ों को घेरकर
जकड़ लेती हैं
लोहे की ज़ंजीरों की तरह

छत
दरवाज़ों के सिर पर
मढ़ जाती है
कछुए के कवच की तरह

फ़र्श
दरवाज़ों के पाँवों में
ठोंक दिया गया है
नाल की तरह

खिड़कियाँ
दरवाज़ों के मुँह पर
छटपटाकर बन्द हो जाती हैं
मरती हुई तितली के
पंखों की तरह

रौशनदान
नीचे खिसककर
दरवाज़ों के सीने से
चिपट जाते हैं

अँधेरी गुफाओं की तरह

कमरे की ख़ाली और वीरान और उदास अलमारियाँ
दरवाज़ों की ओर देखती हैं टकटकी लगाकर
न जाने किस उद्धत आशा में
दरवाज़े ही तो हैं कि टूटते नहीं हैं
अपनी सीमाओं में बँधे
निष्प्राण खड़े रहते हैं

अलमारियाँ
दरवाज़ों के कलेवर में धँसकर
कोना-कोना छान मारती हैं
कहीं कुछ नहीं मिलता

दरवाज़े चाहें भी तो क्या दे सकते हैं
एक अदद आवरण के सिवा
जिसमें छिपकर
क्या संतोष पा सकेंगी
सिसकेंगी ही अलमारियाँ

और उम्र
दरवाज़ों से सिर टिकाकर
बड़ी कमबख़्ती से
रोया करेगी

आइये

(समलैंगिकता एक प्यार है/इंसान का इंसान से/ज़रूरी नहीं लैंगिकता का/ ख़याल रखकर किया जाय)

एक समाचार चैनल पर
समलैंगिकता पर बहस में
बाबा रामदेव ने कहा :
यह भारतीय संस्कृति के ख़िलाफ़ है
अप्राकृतिक है
मानसिक विकृति है
और अगर सुप्रीम कोर्ट, सरकार और लोग
यह नहीं समझते
तो वे भी भारतीय संस्कृति के
ख़िलाफ़ हैं

समलैंगिकों के प्रवक्ता का कहना था
कि दुनिया के मशहूर मनोवैज्ञानिकों की
राय है
कि समलैंगिक सम्बन्ध
दिमाग़ी ख़राबी नहीं
बल्कि इंसान की
ख़ास आंतरिक बनावट का
नतीजा हैं

एक और समलैंगिक ने
एक पत्रिका में अपने इंटरव्यू में पूछा
कि खजुराहो, दहोद और मोधरा की मूर्तियों में

और हमारे प्राचीन ग्रंथ 'कामसूत्र' में
समलैंगिकता के रहे होने के
सुबूत मिलते हैं
फिर कैसे इसे कुछ लोग
पाश्चात्य संस्कृति से प्रभावित
परिघटना बताते हैं

बहरहाल। चैनल पर बाबा रामदेव ने
आगे कहा :
समलैंगिकता की व्याधि से
छुटकारे का उपाय है—
प्राणायाम

समलैंगिकों के पैरवीकार ने
अपने तर्कों से
बाबा को मुत्मइन करने की
काफ़ी चेष्टा की
पर अन्त में खीजकर कहा :
क्या प्राणायाम, प्राणायाम
प्राणायाम से कुछ नहीं होता है

मगर बाबा इस बात पर अड़े रहे
कि प्राणायाम से
सब ठीक हो सकता है

आइये रामदेव जी !
बावजूद इसके कि वे लोग प्राणायाम जानते हैं
प्राणायाम के राजपथ पर
भारतीय संस्कृति की
छतरी के नीचे
उन्हें धकियाते हुए चलें !

उम्मीद

जिसकी आँख में आँसू है
उससे मुझे हमेशा
उम्मीद है

स्मृति

अचानक सामने आ गये
एक साइकिल-सवार को
बचाने की कोशिश में
मैं स्कूटर से गिरा
मेरी एड़ी टूटी

ऑपरेशन के बाद
कमरे में बिस्तर पर
मजबूर पड़ा मैं
जाने कितने दिनों
आसमान को देखने
बाहर हवा में घूमने को
तरसता रहा

एक दिन सन्ध्या ने ख़ुशी से
लगभग चीख़ते हुए कहा :
मेरा एक साल का बच्चा अपने आप
बिस्तर से उतरना सीख गया

मैंने देखा :
बिस्तर से उतरकर वह
दौड़ रहा था घुटनों के बल
किलकता हुआ
जैसे किसी क़ैद से छूटा हो

मुझे लगा :
सुदूर पूर्वजों के
प्रकृति के खुले प्रांगण में
महावन में रहने की
जैविक स्मृति
इंसान को कमरों में
प्रसन्न नहीं रहने देती

ख़याल

मृत्यु का क्षण एक है
पर उसका ख़याल पूरी ज़िन्दगी
साथ चलता है

मोक्ष

काशी में मरकर
मिलता होगा मोक्ष
पर उज्जयिनी में जीते-जी

उज्जयिनी की माँग में
सिन्दूर भरता है
महाकाल

कहाँ झाँकें

(चन्द्रकान्त देवताले से एक संवाद के स्मरण में)

एक समय था
जब आलोचक ने कहा—
मुक्तिबोध मुक्तिबोध मुक्तिबोध
मुक्तिबोध हैं केन्द्र में

कुछ वर्षों बाद कहा—
नये कवि
नागार्जुन, त्रिलोचन
केदारनाथ अग्रवाल में झाँकें

पहली बात तो यह—
नये कवि
स्वयं तय करेंगे
वे कहाँ झाँकें

कोई उन्हें क्यों बताये
वे यहाँ झाँकें
या वहाँ झाँकें

दूसरे यह—
क्यों न वे
इन सभी में झाँकें
नागार्जुन, त्रिलोचन
केदारनाथ अग्रवाल
शमशेर
गजानन मुक्तिबोध

उज्जैन में

उज्जैन में सब-कुछ महाकाल का

दूध भी महाकाल का
केसर भी
बेल की पत्तियाँ
आकड़े की माला
चंदन, धतूरा, नारियल, घी
धूप और कपूर
फूल गेंदा और गुलाब के
उज्जैन में सब-कुछ महाकाल का

भस्म और भंग-स्नान
दिगम्बरता और श्रृंगार
अभिषेक और नैवेद्य
उत्तरीय, पुष्पहार
मुकुट-त्रिशूल-कुंडल
जटाजूट-गंगाजल
द्वितीया का चन्द्रमा
त्रिपुंड्र और तीसरी आँख
धूनी की लपट और राख
उज्जैन में सब-कुछ महाकाल का

डमरु-निनाद, शंख-ध्वनि
मुग्धकारी मन्त्रोच्चार

घंटों-घंटियों के स्वर
झाँझ और मृदंग की
श्रुतिमधुर ताल पर
महाकाल पर
डोलता चँवर
उज्जैन में सब-कुछ महाकाल का

सड़कें, बाज़ार, घर-दुकान
सारा साज़ोसामान
पेड़ और आसमान
पहाड़ियाँ और पठार
प्रकाश और अंधकार
आरती की लौ की आँच
मालवा की हवा ठंडी
शिप्रा का जल
हरे-भरे खेत-खलिहान
उज्जैन में सब-कुछ महाकाल का

'आश्रय' होटेल का परिचारक
मेरा अनुज
मेहरबान सिंह चौहान
मेरे दोस्त कार-चालक
मुहम्मद इब्राहीम ख़ान
भीख माँगते बच्चे
बूढ़े साधु और महिलाएँ
गिलहरियाँ, कुत्ते
और बंदर शैतान
फल और मिष्टान्न
इलायचीदाना, मूँगफली
मिस्री और मीठा पान
उज्जैन में सब-कुछ महाकाल का

पुजारी और पहरेदार
टी.वी. और अख़बार
थाना और सरकार
मुफ़लिसी और रोज़गार
राग और विराग
साकार और निराकार
विष और विषाद
मंगल और प्रमाद
सृजन और संहार
उज्जैन में सब-कुछ
अपराजित महाकाल का

बस एक चन्द्रकान्त देवताले ही
अपराजित वास करते
महाकाल में*
उज्जैन में

* *"काल/तुझसे होड़ है मेरी : अपराजित तू— तुममें अपराजित मैं वास करूँ।"*

—शमशेर बहादुर सिंह

अगर फिर कभी आऊँगा

शुक्रिया मेरे दोस्त
ऑटो-ड्राइवर विजय अग्रवाल!
तुम्हारी ही बदौलत
देख पाया था मैं
भर्तृहरि-गुफा
काल-भैरव

सुबह-सुबह
शिप्रा के तट पर
तुमने ही कहा था—
आज बहुत सर्दी है, साहब

ठंडी हवा थी सख़्त
मैंने कहा—'हाँ,
पर गाँधी जी को तो
सर्दी नहीं लगती थी
वे तो बस धोती एक पहनते थे'

'गाँधी तो सन्त थे, साहब
कोई उन्हें नेता कहता है
तो बहुत गुस्सा आता है
आजकल आदमी ने
बीड़ी-सिगरेट-तम्बाकू की लतों से
अपने को बहुत

कमज़ोर कर लिया है'

मैंने कहा : 'लोग तो
काल-भैरव के चरणों में
मदिरा चढ़ाते हैं
पुजारी उनकी मूर्ति को
मदिरा पिलाते हैं
यह अच्छी बात नहीं है'

'वे तो नीलकंठ थे, साहब
दुनिया भर का सारा
ज़हर पी लिया था
मदिरा इसीलिए चढ़ाते हैं
कि ख़ुद मदिरा मत पियें
अब लोग इसका
ग़लत मतलब लगाते हैं
तो क्या किया जाय, साहब!'

फिर तुमने मुझे
कविता से जुड़ा जानकर कहा—
'अटल जी की कविता में
रस होता है, साहब
पर हमारे 'सुमन' जी
जब कविता सुनाते थे
तो उमंग आ जाती थी'

मैंने पूछा—
'कालिदास भी तो यहीं के थे?'

''कालिदास तो बुद्धिहीन थे
उनकी पत्नी थी विद्योत्तमा
राजकुमारी

सुन्दर, पढ़ी-लिखी, पैसेवाली
धोखे से ब्याह हो गया था
पर निभाना तो पड़ता है न, साहब
इसलिए उसे
खीज बहुत आती थी

समय नहीं है, वरना
यहीं शिप्रा के पास
कालिदास-गढ़ी आपको दिखलाता
जहाँ विद्योत्तमा ने
गुस्से में आकर
कालिदास को धक्का मार दिया था

कालिदास गिर पड़े
उनका सिर टकराया पत्थर से
ख़ून के छींटे गिरे
देवी की प्रतिमा पर
काली माँ प्रकट हुईं—
यह कौन भक्त है आया
जो ख़ून चढ़ाता है
क्या तुम्हें चाहिए?

कालिदास तो बुद्धिहीन थे, साहब
वर भी माँग नहीं सकते थे
वह तो विद्योत्तमा ने कहा—
हमारे पास आपकी कृपा से
सब-कुछ है, माँ
बस इन्हें विद्या दे दीजिये !

काली माँ ने 'एवमस्तु' कह दिया
इसीलिए वे इतने बड़े
कवि हो गये

और कालिदास कहलाये''
इस कहानी के
जादू की ख़ुशी में
हमने साथ-साथ चाय पी
सर्द सुबह की वह गरम चाय

मैंने अचरज से पूछा—
'अरे, तुम्हें इतनी सारी
बातें कैसे मालूम हैं?'

तुमने बताया—
'मैं यहाँ का गाइड भी हूँ, साहब'

मैंने अपनेपन से कहा—
'गाइड ही नहीं
तुम मेरे दोस्त हो'

तुमने अपना मोबाइल नम्बर मुझे दिया
मैंने कहा—'नम्बर तो बदल जायेगा
पता तुम्हारा क्या है?'

'अपना पता क्या, साहब
महाकाल के सामने
बनारसी पेड़ेवाले से पूछ लीजिये—
'विजय ऑटो'

कैसे उन दिलचस्प तुम्हारी बातों में
सफ़र तमाम हुआ
नहीं मालूम

मगर अन्त में
पान खाने के समय

तुमने कहा—
'इसके पैसे मैं दूँगा, साहब'

'ऐसा क्यों होगा?'

'आपने मुझे दोस्त कहा है न, साहब
दोस्त के लिए तो जान भी देते हैं
पान क्या चीज़ है?'

हाँ, मैंने सचमुच
तुमको दोस्त कहा था
कहाँ के साहिब
कौन मुलाज़िम
हम दोनों एक जैसे
घरों से आते हैं
क्या हुआ कि तुम
ऑटो चलाते हो
लोगों का दिल बहलाने को
कहानियाँ सुनाते हो

उज्जयिनी अगर फिर कभी आऊँगा
तुमसे मिले बिना
कैसे रह पाऊँगा?

उनके न होने में

एक

किताबों की हस्तलिपि
क्या उनका ग्लेशियर है
उनका पेपरबैक होना
उनका नदी होना
और जन-स्मृतियों के
सागर में
उनका लय होना
लौट-लौटकर
उनकी लहरों का
मानस-तट से
टकराना
उनका कालजयी
हो जाना है?

दो

किताबें वे हैं जो मिलती नहीं
जो मिलती हैं
क्या वे पढ़ी जाती हैं?

शायद वे अधूरी

या कम पढ़ी जाती हैं
किताबों का कम पढ़ा जाना
उनका कम
जाना जाना है

वे जो दुर्लभ हैं
अप्राप्य या लुप्तप्राय
चलन या मुद्रण से बाहर
उन्हें खोजना
उन्हें जानना भले न हो
उनकी ज़रूरत
और अहमीयत को
जानना है

किताबों की बेचैनी
या इन्तिज़ार
क्या उनके लिए चैन
और निस्पृहता का
सबब है
जो मिल जाती हैं?

जो मिलने के लिए
तैयार नहीं
या उसकी होड़ में
शामिल नहीं
क्या वे किसी शोक में
रहती होंगी
अपने एकांत में
या बदले हुए समय-संदर्भ में
अपने नये अभिप्रायों की
तलाश करती होंगी
किसी मर्मज्ञ की आँखों में?

क्या वे अपने पुनर्जन्म का
स्वप्न देखती होंगी?

या मिलती होंगी किसी से
किसी पुस्तकालय के
निर्जन में
या उसके निजी
अध्ययन-कक्ष में
या अपना ही
ज़ेरॉक्स बनती होंगी
उसकी कामना की ख़ातिर

किताबें क्या करती होंगी
अपने अदृश्य में
अपने निर्गुण-निराकार में
अपनी असम्भवता में

क्या उन्हें एहसास होगा
कि हम उन्हें
उनके न होने में
ज़्यादा चाहते हैं
बनिस्बत उनके होने में

हिन्दी रियासत के सामन्तों के प्रति

खुश हूँ
कि तुम्हारे उपकृतों के मेले में नहीं हूँ

तुम्हारी जो भी रियासत है
हिन्दी के बौद्धिक समाज में
मैं उसका कारिंदा नहीं

अलबत्ता तुम्हारे जो भी अच्छे काम हैं
उनसे मैं हमेशा प्रभावित
तुम्हारे प्रति श्रद्धावनत हूँ
मत-वैभिन्न्य के बावजूद

लेकिन इस फ़र्क़ का
आदर तो तुम कर ही सकते हो
अगर लोकतन्त्र के प्रति
कोई निष्ठा तुममें बची हो

एक लेखक दूसरे लेखक से
क्या उम्मीद कर सकता है
न्याय के सिवा

मगर हालात ऐसे हो गये हैं
कि अब हम यह उम्मीद भी
नहीं कर सकते

उम्मीद नाउम्मीदी की है
एतबार नाएतबारी का

आभार

एक प्रदेश की राजधानी में मिले वह
राष्ट्रीय परिसंवाद में
एक विश्वविद्यालय में प्रोफ़ेसर
हिन्दी के वरिष्ठ आलोचक

नींद से जगाकर पहली ख़बर
उन्होंने मुझे यही दी—
'मैं विभागाध्यक्ष नहीं बन पाया'

मैं समझ नहीं सका
इस बात का
मेरी ज़िन्दगी से
क्या सम्बन्ध है

तभी वहाँ आये मेरे मित्र
मैंने उनसे परिचय कराया—
ये गिरिराज किराडू हैं
युवा कवि
'प्रतिलिपि' के संपादक

बाद में उन्होंने पूछा—
'किराडू क्या तमिलनाडु का है?'

मैंने कहा : नहीं

पर आपको ऐसा क्यों लगा?
वह बोले : किराडू
चेराबंडू राजू से
मिलता-जुलता नाम है

वैसे जो नाम वह ले रहे थे
सही रूप में चेरबंडा राजु है
क्रांतिकारी तेलुगु कवि का

फिर उन्होंने किसी प्रसंग में कहा :
स्त्रियाँ पुरुषों को
एक उम्र के बाद
दया का पात्र
समझने लगती हैं

परिसंवाद के आख़िरी दिन
उन्हें बोलना था
'आलोचना के सौन्दर्य-विमर्श' पर
मगर उससे पहले उनकी ट्रेन थी
इसलिए आयोजकों ने चाहा
कि वह 'आलोचना के समाज-विमर्श' पर
कुछ कहें

यों एक सत्र का शीर्षक
'आलोचना का धर्म-विमर्श' भी था

उन्होंने मुझसे कहा :
इस सत्र में बोलने को कहा जाता
तो ज़्यादा ठीक रहता

फिर कारण बताया :
हिन्दी की सर्वश्रेष्ठ आलोचना

धर्म ही पर न लिखी गयी है
बहरहाल। उन्होंने अपने सत्र
'आलोचना का समाज-विमर्श' में
जो कुछ कहा
उसका सारांश यह है :
पहले भी दो बार बुलाया था यहाँ
व्यवस्था अच्छी है
आभारी हूँ
इस बार भी
आभार

अगर

अगर तुम्हारे पास
टूटा हुआ हृदय है
तो वह दर्पण भी
टूटा हुआ है
जो तुम्हें साबुत दिखता है

नींद टूटी हुई है
और सपना भी

तुम मेरा साथ देना

मुझसे दूर जाते हुए
उसने कहा :
तुम मेरा साथ दो

अगर कोई मुझे परेशान करे
तो तुम उसे रोकना!

मैंने कहा :
मैं ज़रूर रोकूँगा उन्हें
जो मेरे लिए
तुम्हारे एकांत को
भंग करेंगे

मगर मैं उससे यह पूछने का
साहस नहीं कर सका :
अलग रहकर भी जितना सम्भव होगा
मैं तुम्हारा साथ दूँगा
पर तुम्हारे साथ न होने की पीड़ा
मैं कैसे सहूँगा

शायद वह जानती थी मेरे मौन को
इसलिए बोली :
जितना कष्ट और तनाव

मैं सह सकती हूँ
कोई नहीं सह सकता

आँसू से डबडबायी हुई थी रात
रात, जिसमें वह साथ नहीं थी
और दूर जाते हुए कह रही थी :
तुम मेरा साथ देना!

कैसे रहोगे

अपने दुख
तुम मुझसे नहीं कहोगे
तो किससे कहोगे
और दुनिया में तुम्हारा
है ही कौन?

मैंने देखा वह मक़ाम
जहाँ दुनिया पीछे छूट चुकी थी
और दुनिया का मतलब
मेरे लिए
सिर्फ़ तुम थीं

और तुम भी
एक असमाप्य दूरी से
सुनती थीं मेरी पुकार
उस निपट असहायता में
मैं फूट-फूटकर रो पड़ा

तुमने कहा :
कहते तो हो
कि रह लूँगा

पर मेरे बिना
कैसे रहोगे?

अपने दुख
तुम मुझसे नहीं कहोगे
तो किससे कहोगे?

जहाँ उम्मीद नहीं है

मैं तुमसे उम्मीद करूँगा
तो खुद को घायल करूँगा

उम्मीद नहीं करूँगा
तो प्यार नहीं करूँगा

मैं तुमसे मिलने आऊँगा
तो तुम्हें आहत करूँगा

मिलने नहीं आऊँगा
तो प्यार नहीं करूँगा

मैं तुमसे कुछ कहूँगा
तो तुम्हें नाराज़ करूँगा

चुप रहूँगा
तो दूर चला जाऊँगा

जहाँ उम्मीद नहीं है
तुम्हें देखने की सूरत नहीं
तुमसे कह सकने को शब्द नहीं
वहाँ भी प्यार है

क्योंकि याद करना भी चाहना है
नज़र आना एक ख़याल
और जो मैं तुमसे कहना चाहता हूँ
वह नहीं है
जिसे तुम सुनना नहीं चाहतीं

जिसे तुम प्यार कहते हो

जिसे तुम प्यार कहते हो
क्या वह किसी आवरण का नाम है

आवरण, जिसमें एक आदमी
उस औरत के
आँसू पोंछ रहा है
जिसे तुम प्यार करते हो

एक माँ है
जिसके फेफड़े थक चुके
साँस की बीमारी से
और जो ऑक्सीजन की कमी से
बेहाल रहती है

फिर भी वह तुम्हें
रोटी देती है
और सहारा
बदले में उसके पास कुछ नहीं है
सिवा इस ख़ुशी के
कि तुम उसकी सन्तान हो

एक बच्चा है
जो कितनी ममता से
तुम्हें कहता है पिता

हमेशा एक खेल में
तुम्हें खींचता हुआ
जैसे यही एक काम हो
यही एक सपना
और दुनिया इसके आगे
न जाती हो

मगर तुम्हें लगता है
कि वह बच्चा
ज़िम्मेदारी है तुम्हारी
जिसे पूरा करते हुए तुम
खुद से दूर होते जाते हो

जिसे तुम प्यार कहते हो
क्या वह किसी आवरण का नाम है?

यह एक बात है

लेटे हुए आदमी से
बैठा हुआ आदमी
बेहतर है

बैठे हुए आदमी से
खड़ा हुआ

खड़े हुए आदमी से
चलता हुआ

किताब में डूबे हुए
ख़ुदबीन से
संवाद में शामिल मनुष्य
बेहतर है

संवाद में शामिल इंसान से
संवाद के साथ-साथ
कुछ और भी करता हुआ
इंसान बेहतर है

यह एक बात है
जो मैंने अपने बच्चे से
उसके जन्म के
पहले साल में सीखी

आज दिल में

वह बूढ़ा आदमी कहाँ है
जिसकी उस मोड़ पर
सेब की दुकान थी

आज दिन-भर पानी बरसता रहा
उसके पास
छत नहीं थी
छाने को
मोमिया भी नहीं

आज दिल में
एक सूनापन है
सेब की ज़रूरत से अलग
जिसे पहचान पाता हूँ

शमीम

जाड़े की सर्द रात
समय तीन-साढ़े तीन बजे
रेलवे स्टेशन पर
घर जाने के लिए
मुझे ऑटो की तलाश

आख़िर जितने पैसे मैं दे सकता था
उनमें मुझे मिला
ऑटो-ड्राइवर एक लड़का
उम्र सत्रह-अठारह साल

मैंने कहा : मस्जिद के नीचे
जो पान की दुकान है
ज़रा वहाँ से होते हुए चलना

रास्ते में उसने पूछा :
क्या आप मुसलमान हैं?

उसके पूछने में
प्यार की एक तरस थी
इसलिए मैंने कहा : नहीं,
पर होते तो अच्छा होता

फिर इतनी ठंडी हवा थी सख़्त

ऑटो की इतनी घरघराहट
कि और कोई बात नहीं हो सकी

लगभग आधा घंटे में
सफ़र ख़त्म हुआ
किराया देते वक़्त मैंने पूछा :
तुम्हारा नाम क्या है?

उसने जवाब दिया : शमीम ख़ान

नाम में ऐसी कशिश थी
कि मैंने कहा :
बहुत अच्छा नाम है

फिर पूछा :
तुम पढ़ते नहीं हो?

एक टूटा हुआ-सा वाक्य सुनायी पड़ा :
कहाँ से पढ़ें?

यही मेरे प्यार की हद थी
और इज़हार की भी

मुसीबत में

अचानक आयी बीमारी
दुर्घटना
या ऐसे ही किसी हादसे में
हताहत हुए लोगों को देखने
उनसे मिलने
उनके घर जाओ
या अस्पताल

उन्हें ख़ून दो
और पैसा अगर दे सको
नहीं तो ज़रूरत पड़ने पर क़र्ज़ ही
उनके इलाज में मदद करो
जितनी और जैसी भी
मुमकिन हो या माँगी जाय

तुम भी जब कभी
हालात से मजबूर होकर
दुखों से गुज़रोगे
तब तुम्हारा साथ देने
जो आगे आयेंगे
वे वही नहीं होंगे
जिनकी तीमारदारी में
तुम हाज़िर रहे थे

वे दूसरे ही लोग होंगे
मगर वे भी शायद
इसीलिए आयेंगे
कि उनके ही जैसे लोगों की
मुसीबत में मदद करने
तुम गये थे

सबक़

आज शाम सन्ध्या ने
अचानक सूचित किया :
घर में
नमक नहीं है

मुझे लगा घर किसी
निम्नतम बिन्दु तक
पहुँच गया है
और अब शून्य से
शुरूआत करनी होगी

दरअसल ज़िन्दगी का यही
सबसे बड़ा सबक़ है
जो रोज़ सीखना पड़ता है
इसमें कई बार
और लोग भी
मदद करते हैं

मसलन सन्ध्या के रिश्ते का
एक भाई भिलाई में मिला
हम तीन-चार दिन साथ रहे
एक शाम मैंने कहा—
भिलाई मुझे
बहुत पसन्द आयी

ख़ास तौर पर इसकी
लाल बजरी की ज़मीन
मन करता है
यहीं बस जाऊँ
पर क्या करूँ
नौकरी की मजबूरी है

उसने चौंककर पूछा—
तो क्या आप
नौकरी भी करते हैं?
मैंने कहा—
और क्या?

अख़ीर में वह बोला—
मैंने तो समझा था
आप कविता करते होंगे!

याद आती है

मैं जब सातवें दर्जे में पढ़ता था
हमारे कला-अध्यापक
विजय कुमार वहल ने कहा :
एक गिलास बनाओ

मैंने बनाया
एक दुबला, बेजान
डाँवाँडोल-सा गिलास
और उसके नीचे लिखा गिलास
उन्हें दिखाया

वे बोले :
अब तो मैं मान ही लूँगा
कि यह गिलास है

तब से कितना अर्सा बीता
जब भी किसी कविता पर
लिखता हूँ कविता
उनकी याद आती है

सबसे ज़रूरी

सबसे ज़रूरी जिसे तुम कहते हो
वह जन-हित है
उसके लिए ज़रूरी परिवर्तन है
वह तभी होगा
जब सार्थकता होगी
जो अध्यवसाय पर निर्भर है
अध्यवसाय साहस पर
साहस संवाद पर

संवाद तुम करोगे
अगर प्यार करोगे
प्यार के लिए सुंदरता चाहिए
सुंदरता को थामे जो रखती है
वह दृष्टि है

प्रिय कहना

प्रिय कहना कितना कठिन था

तुम्हें चाह सकूँ
चाहने में कोई अड़चन न हो
और तुम भी उसे समझ सको
शब्द का
तभी कोई मतलब था

प्रिय कहना
कितना कठिन था

अब तुम्हें

अब तुम्हें याद करता हूँ
तो लगता है
सारी रौशनी
अतीत में
ठिठकी हुई है

कितने क़दम चलूँगा
तो वहाँ पहुँचूँगा

बहुराष्ट्रीय

बहुराष्ट्रीय
कम्पनियाँ ही नहीं
गद्य भी हो सकता है
यह मैंने जाना
जब मैं एक लम्बे निबन्ध से
छला गया

कृतज्ञ और नतमस्तक

सत्ता का यह स्वभाव नहीं है
कि वह योग्यता को ही
पुरस्कृत करे
बल्कि यह है
कि जिन्हें वह पुरस्कृत करती है
उन्हें योग्य कहती है

अब जो पुरस्कृत होना चाहें
वे चाहे खुद को
और पूर्व पुरस्कृतों को
उसके योग्य न मानें
मगर यह मानें
कि योग्यता का निश्चय
सत्ता ही कर सकती है

अन्त में योग्य
सिर्फ़ सत्ता रह जाती है
और जो उससे पुरस्कृत हैं
वे अपनी-अपनी योग्यता पर
सन्देह करते हुए
सत्ता के प्रति
कृतज्ञ और नतमस्तक होते हैं
कि उसने उन्हें योग्य माना

आते हैं

जाते हुए उसने कहा
कि आते हैं

तभी मुझे दिखा
सुबह के आसमान में
हँसिये के आकार का चन्द्रमा

जैसे वह जाते हुए कह रहा हो
कि आते हैं